Impressum
Verlag: BABADADA GmbH, Nedderfeld 112 , 22529 Hamburg
Geschäftsführer / Verlagsleitung: Harald Hof
Druck: Books on Demand GmbH, In de Tarpen 42, 22848 Norderstedt

Imprint
Publisher: BABADADA GmbH, Nedderfeld 112 , 22529 Hamburg, Germany
Managing Director / Publishing direction: Harald Hof
Print: Books on Demand GmbH, In de Tarpen 42, 22848 Norderstedt, Germany

училище

skole

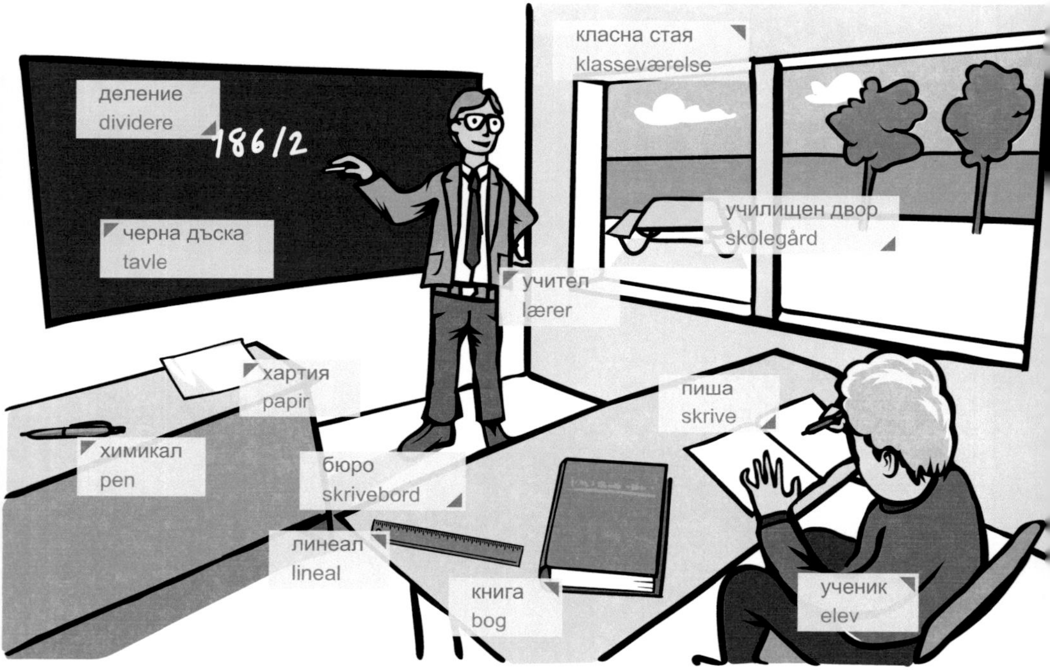

класна стая
klasseværelse
деление
dividere
186/2
черна дъска
tavle
училищен двор
skolegård
учител
lærer
хартия
papir
пиша
skrive
химикал
pen
бюро
skrivebord
линеал
lineal
книга
bog
ученик
elev

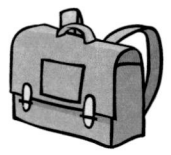

ученическа раница

skoletaske

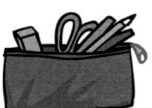

ученически несесер

penalhus

молив

blyant

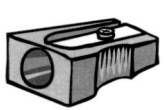

острилка за моливи

blyantspidser

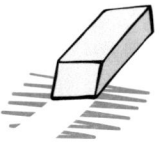

гума

viskelæder

блок за рисуване

tegneblok

рисунка

tegning

четка

pensel

акварелни бои

æske med vandfarver

ножица

saks

лепило

lim

тетрадка за упражнения

opgavehefte

домашна работа

lektie

число

tal

събиране

addere

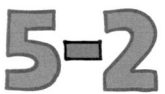

изваждане

subtrahere

умножение

multiplicere

смятане

regne

буква

bogstav

азбука

alfabet

дума

ord

текст

tekst

чета

læse

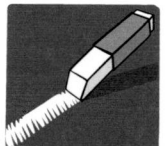

тебешир

kridt

час

time

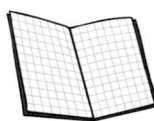

дневник на класа

klasseprotokol

изпит

eksamen

свидетелство

karakterbog

ученическа униформа

skoleuniform

образование

uddannelse

справочник

leksikon

университет

universitet

микроскоп

mikroskop

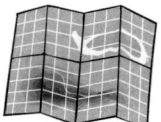

карта

kort

кошче за хартиени отпадъци

papirkurv

пътуване

rejse

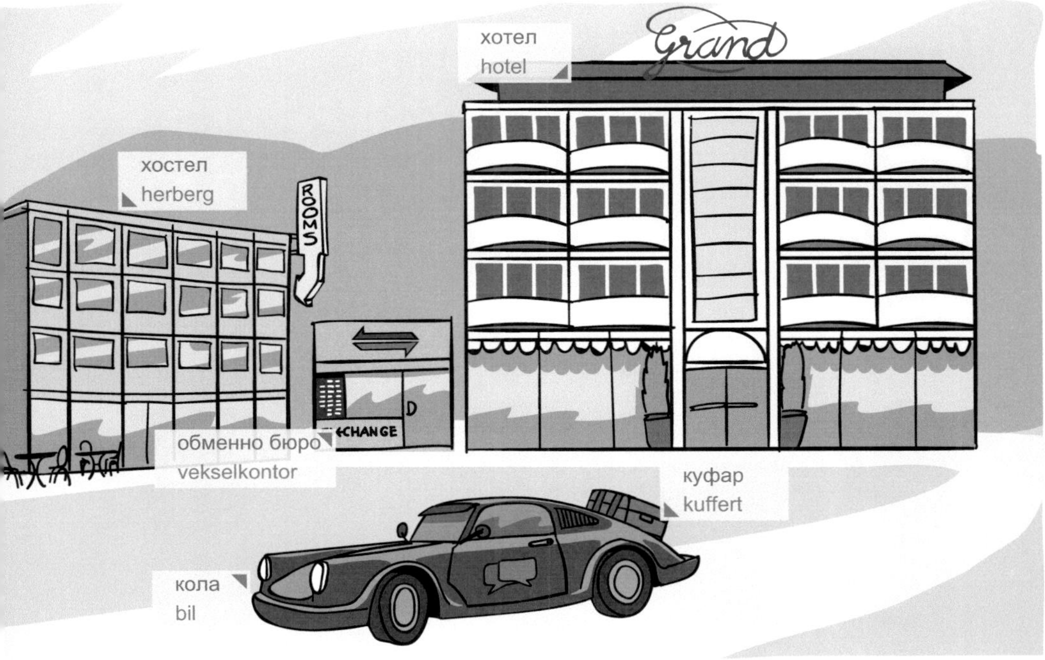
хотел
hotel
Grand
хостел
herberg
ROOMS
EXCHANGE
обменно бюро
vekselkontor
куфар
kuffert
кола
bil

език

sprog

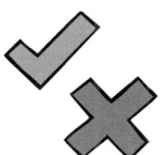

да / не

ja / nej

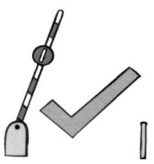

Окей

okay

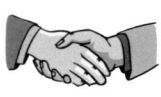

здравей

hej

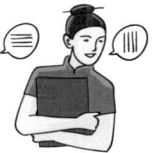

преводач

oversætter

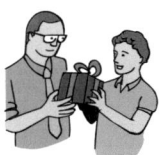

Благодаря

tak

Колко струва…?

hvad koster…?

Не разбирам

Jeg forstår ikke

проблем

problem

Добър вечер!

God aften!

Добро утро!

God morgen!

Лека нощ!

God nat!

довиждане

farvel

посока

retning

багаж

bagage

пътна чанта

taske

раница

rygsæk

посетител

gæst

стая

værelse

спален чувал

sovepose

палатка

telt

туристическа информация

turistinformation

плаж

strand

кредитна карта

kreditkort

закуска

morgenmad

обед

middagsmad

вечеря

aftensmad

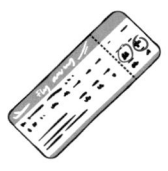

билет

billet

асансьор

elevator

пощенска марка

frimærke

граница

grænse

митница

told

посолство

ambassade

виза

visum

паспорт

pas

транспорт
transport

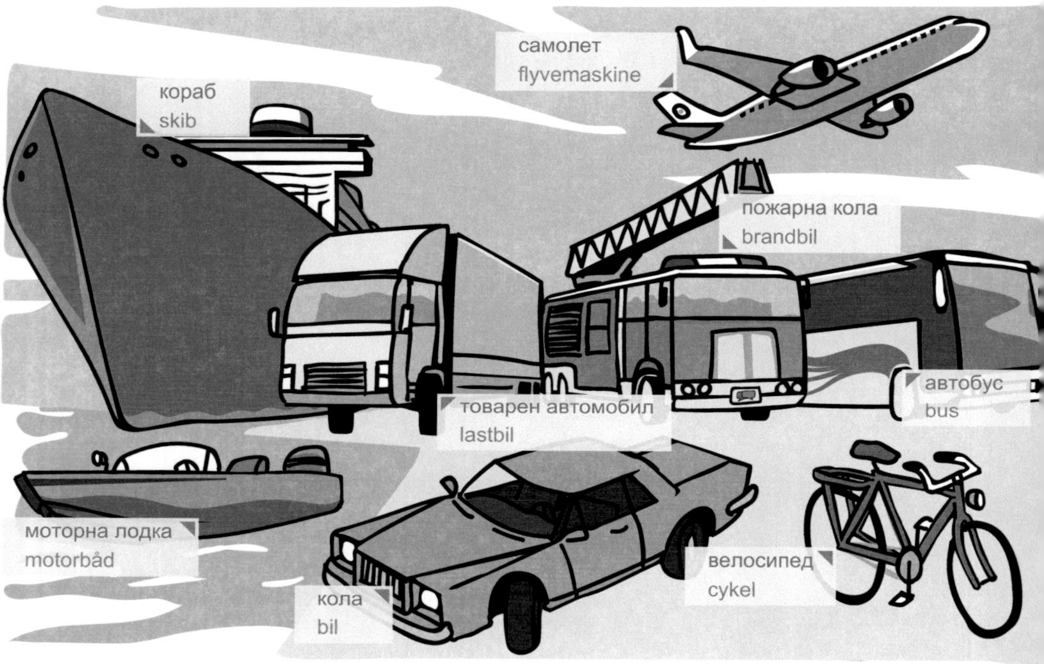
самолет
flyvemaskine
кораб
skib
пожарна кола
brandbil
автобус
bus
товарен автомобил
lastbil
моторна лодка
motorbåd
велосипед
cykel
кола
bil

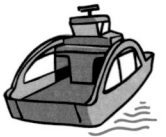

ферибот

færge

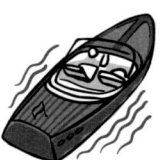

лодка

båd

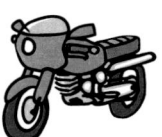

мотоциклет

motorcykel

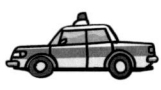

полицейска кола

politibil

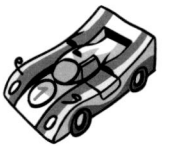

състезателна кола

racerbil

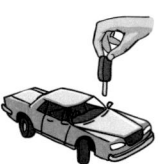

кола под наем

lejebil

каршеринг

samkørsel

автомобил от "Пътна помощ"

kranbil

сметовоз

skraldebil

двигател

motor

бензин

benzin

бензиностанция

tankstation

пътен знак

trafikskilt

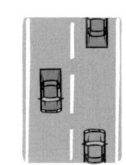

улично движение

trafik

задръстване

trafikprop

паркинг

parkeringsplads

гара

banegård

релси

skinner

влак

tog

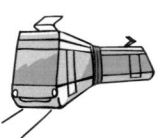

трамвай

sporvogn

вагон

wagon

хеликоптер

helikopter

аерогара

lufthavn

кула

tårn

пасажер

passager

контейнер

container

кашон

karton

ръчна количка

kærre

кошница

kurv

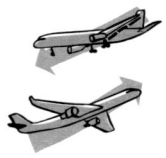

излитам / приземявам се

starte / lande

град

by

село

landsby

градски център

bymidte

къща

hus

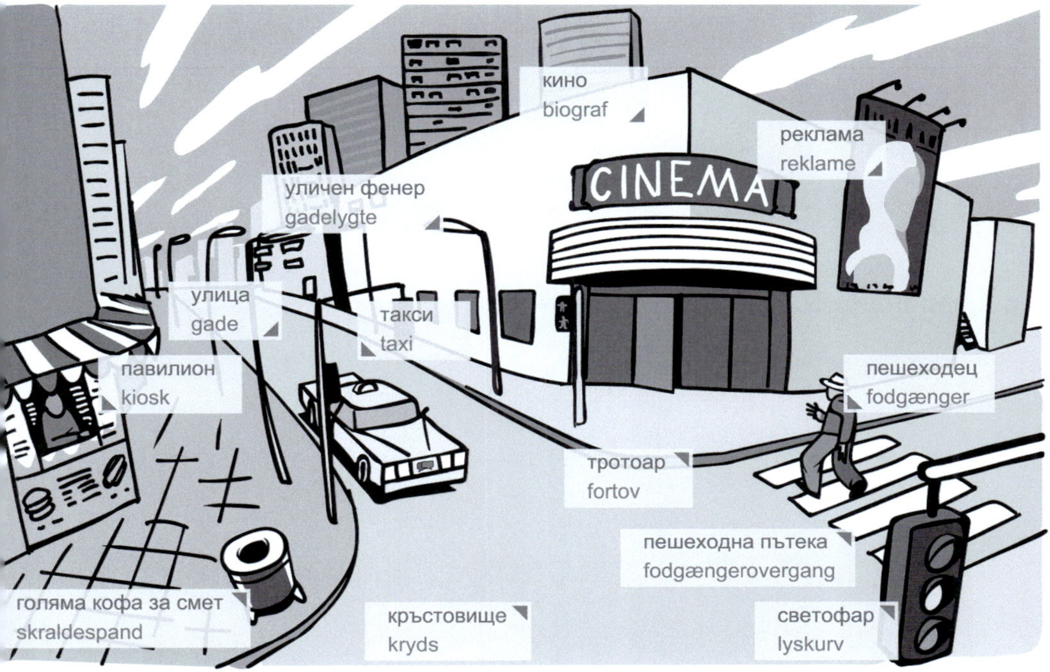

кино
biograf

реклама
reklame

уличен фенер
gadelygte

CINEMA

улица
gade

такси
taxi

павилион
kiosk

пешеходец
fodgænger

тротоар
fortov

пешеходна пътека
fodgængerovergang

голяма кофа за смет
skraldespand

кръстовище
kryds

светофар
lyskurv

хижа
hytte

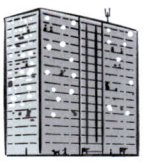

жилище
lejlighed

гара
banegård

кметство
rådhus

музей
museum

училище
skole

университет

universitet

банка

bank

болница

sygehus

хотел

hotel

аптека

apotek

офис

kontor

книжарница

boghandel

магазин за цветя

butik

магазин за цветя

blomsterbutik

супермаркет

supermarked

пазар

marked

универсален магазин

stormagasin

търговец на риба

fiskehandler

търговски център

butikscenter

пристанище

havn

парк

park

пейка

bænk

мост

bro

стълба

trappe

метро

undergrundsbane

тунел

tunnel

автобусна спирка

busstoppested

бар

barnevogn

ресторант

restaurant

пощенска кутия

postkasse

улична табелка

vejskilt

часовник за паркинг
престой

parkometer

зоологическа градина

zoo

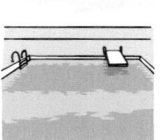

плувен басейн

badeanstalt

джамия

moske

селски двор
bondegård

замърсяване на околната среда
miljøforurening

гробище
kirkegård

църква
kirke

детска площадка
legeplads

храм
tempel

пейзаж
landskab

листо
blad

пътепоказател
vejviser

път
vej

ливада
eng

камък
sten

дърво
træ

пътешественик
vandrer

река
flod

трева
græs

цвете
blomst

долина

dal

планина

bjerg

море

sø

гора

skov

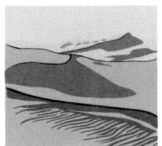

пустиня

ørken

вулкан

vulkan

замък

slot

дъга

regnbue

гъба

svamp

палма

palme

комар

moskito

муха

flue

мравка

myre

пчела

bi

паяк

edderkop

бръмбар

bille

жаба

frø

катеричка

egern

таралеж

pindsvin

заек

hare

кукумявка

ugle

птица

fugl

лебед

svane

диво прасе

vildsvin

елен

hjort

лос

elg

бент

dæmning

вятърна турбина

vindmølle

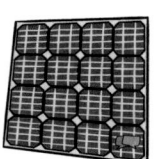

соларен модул

solcellemodul

климат

klima

келнер
tjener

меню
spisekort

стол
stol

супа
suppe

пица
pizza

прибори за хранене
bestik

покривка за маса
borddug

предястие

forret

основно ястие

hovedret

десерт

dessert

напитки

drikkevarer

ядене

mad

бутилка

flaske

бързо хранене

fastfood

улична храна

streetfood

кана за чай

tekande

кутия за захар

sukkerdåse

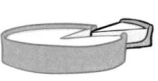

порция

portion

еспресо машина

espressomaskine

висок детски стол

barnestol

сметка

faktura

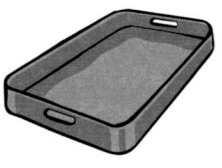

табла

tablet

ножица за нокти

kniv

вилица

gaffel

лъжица

ske

чаена лъжичка

teske

салфетка

serviet

стъклена чаша

glas

чиния

tallerken

чиния за супа

dyb tallerken

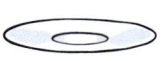

чинийка

underkop

сос

sovs

солница

saltbøsse

мелничка за черен пипер

peberkværn

оцет

eddike

олио

olie

подправки

krydderier

кетчуп

ketchup

горчица

sennep

майонеза

mayonnaise

супермаркет
supermarked

оферта
tilbud
FOR
клиент
kunde
млечни продукти
mælkeprodukter
плодове
frugt
количка за покупки
indkøbsvogn

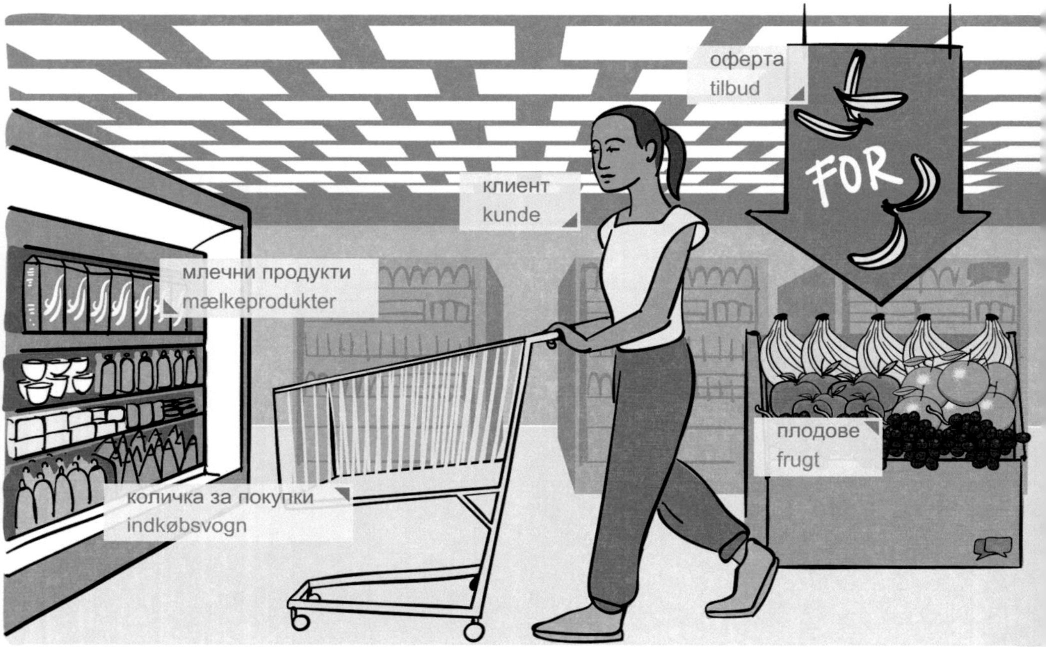

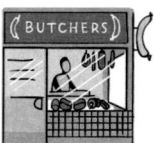

BUTCHERS

кланица

slagter

BAKERY

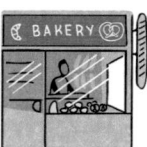

хлебарница

bageri

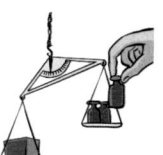

тегля

veje

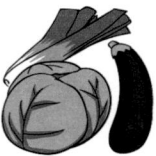

зеленчуци

grøntsager

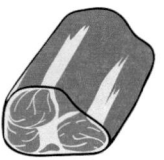

месо

kød

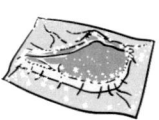

дълбоко замразена храна

frostvarer

нарязан колбас или
сирене
pålæg

консерви
konserves

перилен препарат
vaskemiddel

лакомства
slik

домакински изделия
husholdningsvarer

почистващи препарати
rengøringsmidler

продавачка
ekspedient

каса
kasse

касиер
kasserer

списък на покупките
indkøbsliste

работно време
åbningstider

портфейл
tegnebog

кредитна карта
kreditkort

чанта
taske

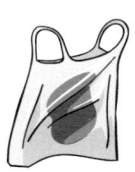

пластмасова торба
plasticpose

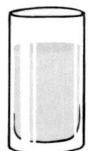

вода

vand

сок

saft

мляко

mælk

кола

cola

вино

vin

бира

øl

алкохол

alkohol

какао

kakao

чай

te

кафе машина

kaffe

еспресо

espresso

капучино

cappuccino

банан

banan

ябълка

æble

портокал

appelsin

пъпеш

melon

лимон

citron

морков

gulerod

чесън

hvidløg

бамбук

bambus

лук

løg

гъба

svamp

ядки

nødder

макарони

nudler

спагети

spaghetti

ориз

ris

салата

salat

пържени картофи

pomfritter

печени картофи

stegte kartofler

пица

pizza

хамбургер

hamburger

сандвич

sandwich

шницел

schnitzel

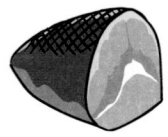

шунка

skinke

траен колбас

salami

салам

pølse

пиле

kylling

печено

steg

риба

fisk

овесени ядки

havregryn

мюсли

mysli

корнфлейкс

cornflakes

брашно

mel

кроасан

croissant

хлебчета

rundstykke

хляб

brød

препечена филийка

toast

бисквити

kiks

масло

smør

извара

kvark

сладкиш

kage

яйце

æg

яйца на очи

spejlæg

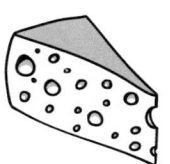

сирене

ost

сладолед

is

захар

sukker

мед

honning

мармалад

marmelade

нуга крем

nougat-creme

къри

karry

селски двор
bondegård

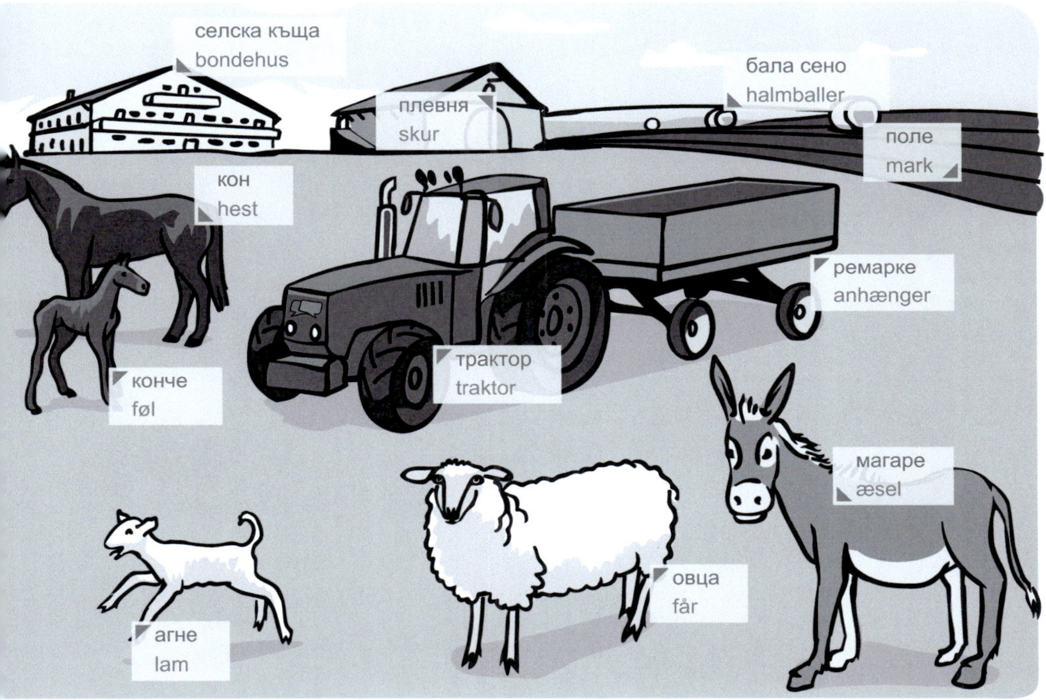
селска къща
bondehus
плевня
skur
бала сено
halmballer
поле
mark
кон
hest
ремарке
anhænger
трактор
traktor
конче
føl
магаре
æsel
овца
får
агне
lam

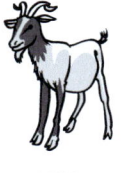

коза

ged

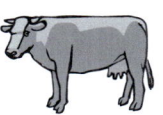

крава

ko

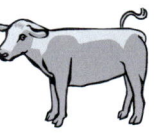

теле

kalv

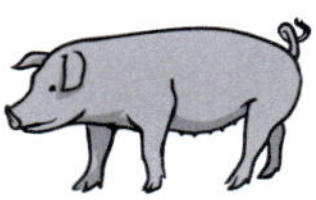

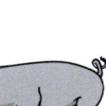

свиня

svin

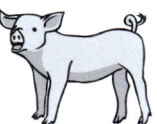

прасенце

gris

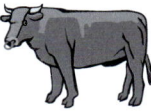

бик

tyr

гъска

gås

патица

and

пиленце

kylling

кокошка

høne

петел

hane

плъх

rotte

котка

kat

мишка

mus

вол

okse

куче

hund

кучешка колиба

hundehus

градински маркуч

haveslange

лейка

vandkande

коса

le

плуг

plov

сърп

segl

мотика

hakkejern

вила за тор

møggreb

брадва

økse

ръчна количка

trillebør

корито

trug

съд за мляко

mælkekande

чувал

sæk

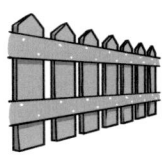

ограда

hæk

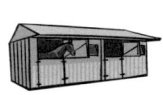

обор

stald

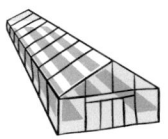

парник

drivhus

земя

jord

сеитба

frø

тор

gødning

комбайн

mejetærsker

жъна

høste

реколта

høst

ямс

yams

жито

hvede

соя

soja

картоф

kartoffel

царевица

majs

рапица

raps

овощно дърво

frugttræ

маниока

maniok

зърнени храни

korn

къща

hus

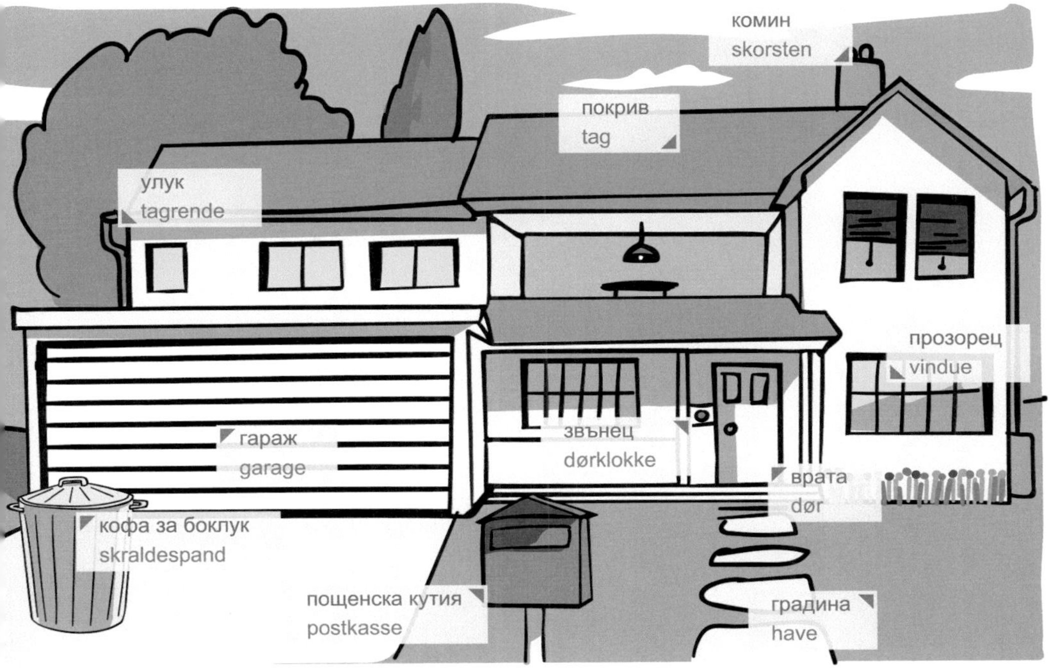
комин
skorsten
покрив
tag
улук
tagrende
прозорец
vindue
звънец
dørklokke
гараж
garage
врата
dør
кофа за боклук
skraldespand
пощенска кутия
postkasse
градина
have

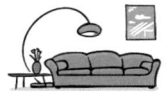

всекидневна

stue

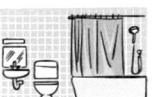

баня

badeværelse

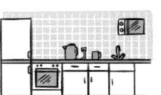

кухня

køkken

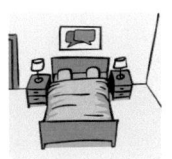

спалня

soveværelse

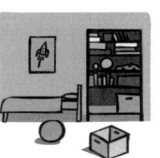

детска стая

børneværelse

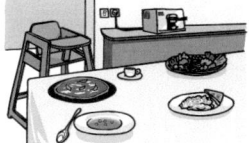

трапезария

spisestue

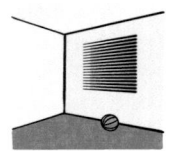

под
gulv

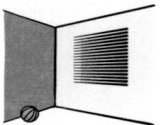

стена
væg

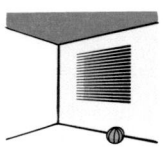

таван
loft

изба
kælder

сауна
sauna

балкон
altan

тераса
terrasse

плувен басейн
svømmehal

косачка
plæneklipper

спално бельо
dynebetræk

покривка за легло
dyne

легло
seng

метла
kost

кофа
spand

електрически ключ
kontakt

всекидневна
stue

тапет
tapet
картина
billede
лампа
lampe
рафт
reol
шкаф
skab
телевизор
fjernsyn
камина
pejs
цвете
blomst
възглавница
pude
канапе
sofa
ваза
vase
дистанционно управление
fjernbetjening

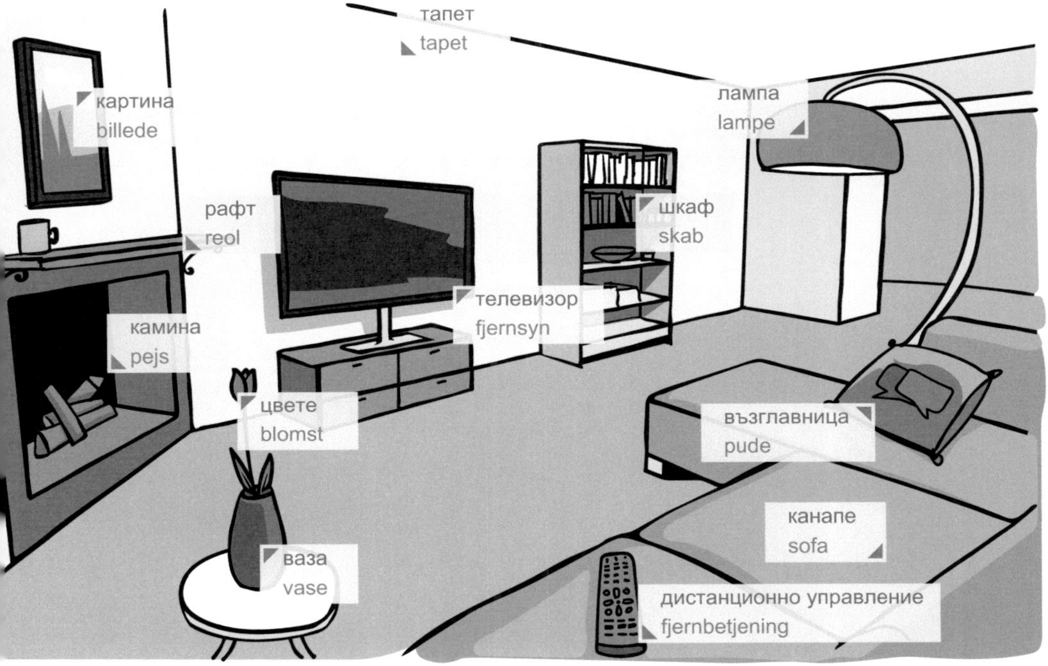

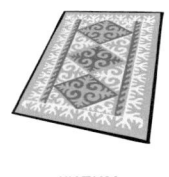

килим

gulvtæppe

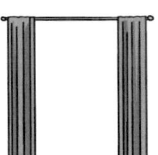

завеса

gardin

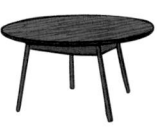

маса

bord

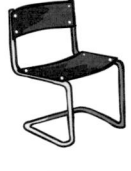

стол

stol

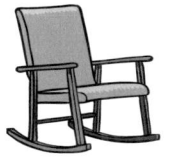

люлеещ се стол

gyngestol

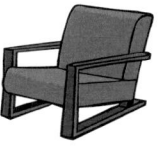

кресло

lænestol

книга

bog

одеяло

tæppe

декорация

dekoration

дърва за отопление

brænde

филм

film

стерео уредба

stereoanlæg

ключ

nøgle

вестник

avis

живопис

maleri

постер

plakat

радио

radio

бележник

notesblok

прахосмукачка

støvsuger

кактус

kaktus

свещ

lys

кухня
køkken

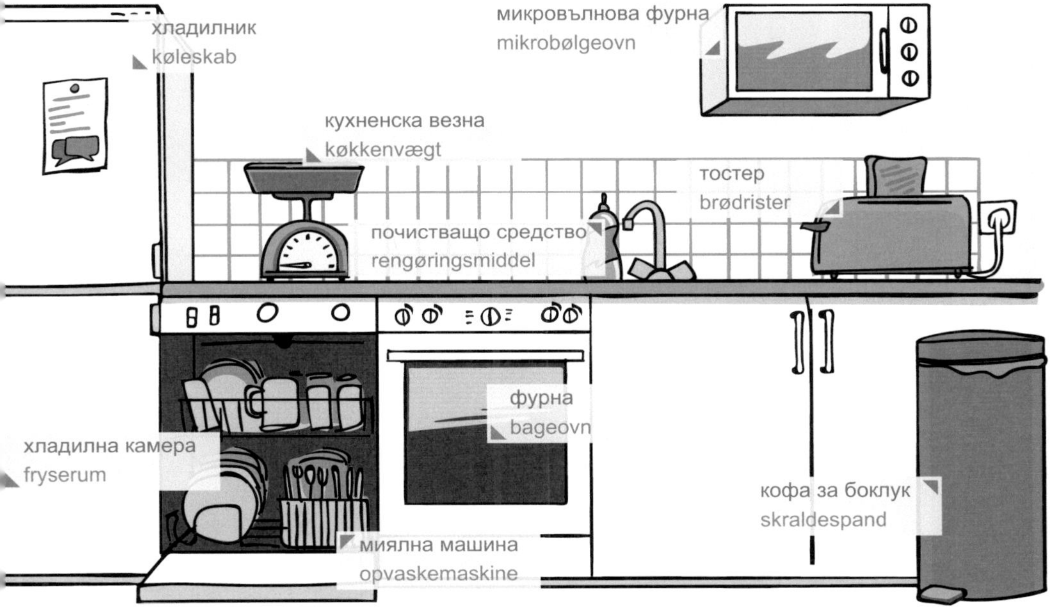

хладилник
køleskab
микровълнова фурна
mikrobølgeovn
кухненска везна
køkkenvægt
тостер
brødrister
почистващо средство
rengøringsmiddel
фурна
bageovn
хладилна камера
fryserum
кофа за боклук
skraldespand
миялна машина
opvaskemaskine

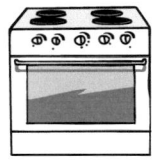

готварска печка

komfur

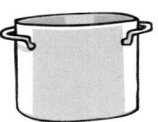

тенджера

gryde

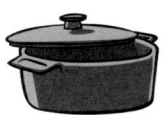

желязна тенджера

jerngryde

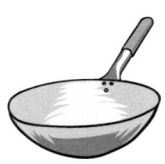

уок / кадаи

wok / kadai

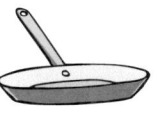

тиган

pande

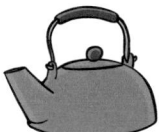

кана за затопляне на вода

elkedel

уред за готвене на пара

dampkoger

тава за печене

bageplade

съдове

service

чаша

bæger

купа

skål

клечки за хранене

spisepinde

черпак

øseske

лопатка за тиган

paletkniv

тел за разбиване (на яйца, белтъци)

piskeris

кошница за варене

dørslag

гевгир

si

ренде

rive

хаван

morter

барбекю

grille

огнище

ildsted

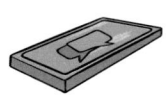

дъска

skærebræt

точилка

kagerulle

тирбушон

proptrækker

кутия

dåse

отварачка за консерви

dåseåbner

кухненска ръкохватка

grydelap

мивка

køkkenvask

четка

børste

гъба

svamp

миксер

blender

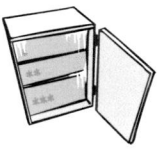

фризер

dybfryser

бебешко шише

sutteflaske

воден кран

vandhane

баня

badeværelse

душ
brusebad
отопление
radiator
хавлиена кърпа
håndklæde
завеса за баня
bruserforhæng
шампоан за вана
skumbad
вана
badekar
стъклена чаша
glas
перална машина
vaskemaskine
воден кран
vandhane
плочки
fliser
гърне
tissepotte
мивка
køkkenvask

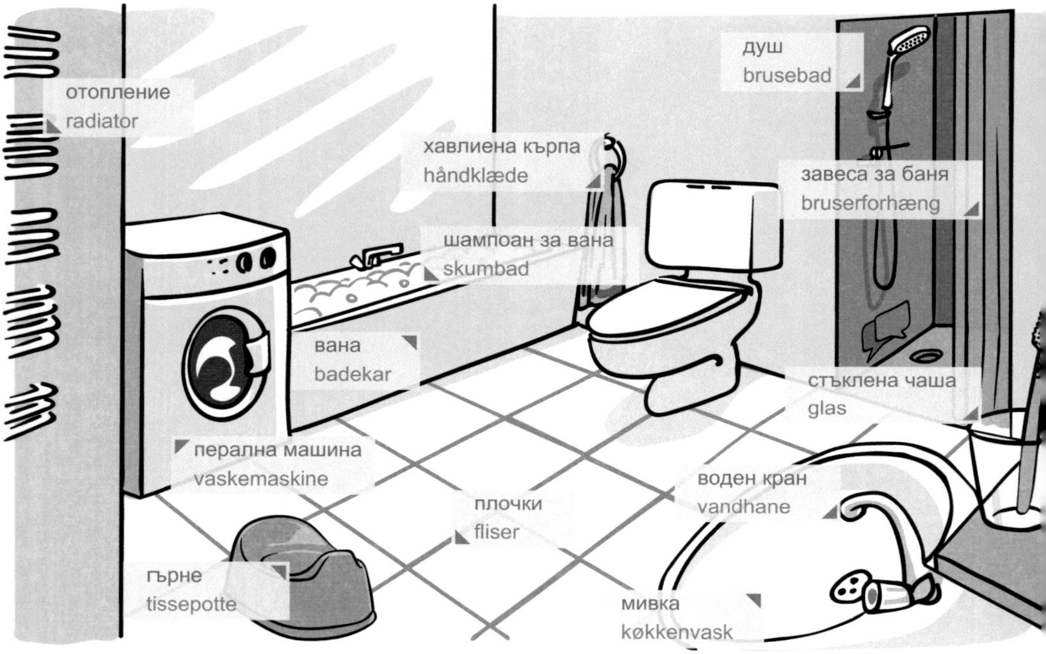

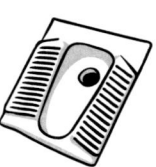

тоалетна

toilet

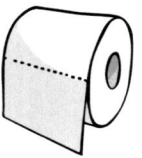

клекало

hugsiddende toilet

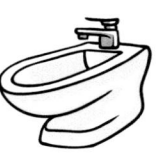

биде

bidet

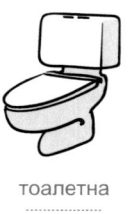

писоар

pissoir

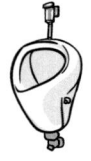

тоалетна хартия

toiletpapir

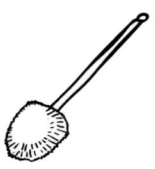

четка за тоалетна

toiletbørste

четка за зъби

tandbørste

паста за зъби

tandpasta

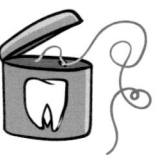

конец за зъби

tandtråd

мия

vaske

ръчен душ

håndbruser

интимен душ

intimbruser

леген

vaskefad

четка за гръб

badebørste

сапун

sæbe

душ гел

brusegele

шампоан за вана

shampoo

гъба за баня

vaskeklud

сифон

afløb

крем

creme

дезодорант

deodorant

огледало

spejl

козметично огледало

kosmetikspejl

ръчна самобръсначка

barberhøvl

пяна за бръснене

barberskum

одеколон за след
бръснене
barbervand

гребен

kam

четка

børste

сешоар

hårtørrer

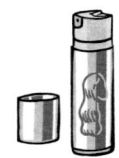

спрей за коса

hårspray

грим

makeup

червило

læbestift

лак за нокти

neglelak

памук

vat

ножица за нокти

neglesaks

парфюм

parfume

тоалетна чантичка

toilettaske

табуретка

skammel

везна

vægt

хавлия

badekåbe

домакински ръкавици

gummihandsker

тампон

tampon

дамски превръзки

damebind

химическа тоалетна

kemisk toilet

детска стая

børneværelse

будилник
vækkeur
плюшена играчка
bamse
автомобил играчка
legetøjsbil
дрънкалка
skralde
къща за кукли
dukkehus
подарък
gave

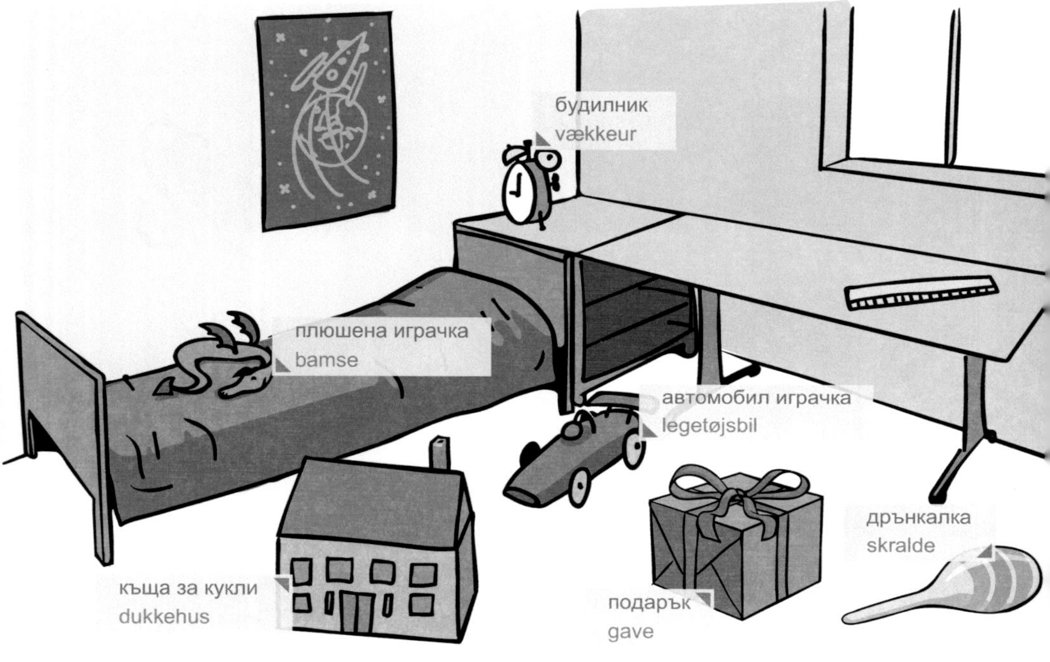

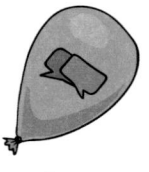

балон

ballon

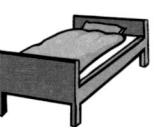

легло

seng

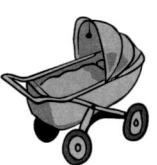

детска количка

barnevogn

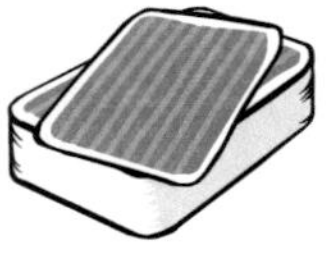

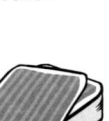

игра на карти

kortspil

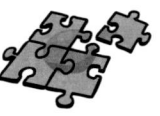

пъзел

puslespil

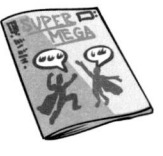

комикс

tegneserie

лего елементи

legoklodser

строителни елементи

byggeklodser

екшън фигурка

action figur

бебешки гащеризон

sparkedragt

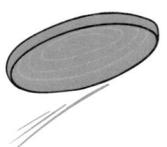

фрисби

frisbee

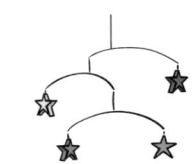

бебешки играчки за легло

uro

настолна игра

brætspil

зарче

terning

миниатюрно влакче

modeljernbane

биберон

sut

парти

fest

детска книга с илюстрации

billedbog

топка

bold

кукла

dukke

играя

lege

пясъчник

sandkasse

люлка

gynge

играчка

legetøj

игрова конзола

spillekonsol

велосипед с три колелета

trehjulet cykel

плюшено мече

bamse

гардероб

klædeskab

облекло

tøj

къси чорапи

sokker

дълги чорапи

strømper

чорапогащник

strømpebukser

шал
sjal

чадър
paraply

Т-шърт
T-shirt

колан
bælte

ботуши
støvler

пантофи
hjemmesko

гуменки
sneakers

сандали
sandaler

обувки
sko

гумени ботуши
gummistøvler

слип
underbukser

сутиен
BH

долна блуза
undertrøje

боди

body

панталон

bukser

дънки

jeans

пола

nederdel

блуза

bluse

риза

skjorte

пуловер

pullover

суичър

sweatshirt

блейзър

blazer

яке

jakke

палто

frakke

дъждобран

regnfrakke

костюм

kostume

рокля

kjole

булчинска рокля

brudekjole

костюм

jakkesæt

нощница

nattrøje

пижама

pyjamas

сари

sari

кърпа за глава

hovedtørklæde

тюрбан

turban

бурка

burka

кафтан

kaftan

абая

abaya

бански костюм

badedragt

плувни шорти

badebukser

къс панталон

korte bukser

анцуг

træningsdragt

престилка

forklæde

ръкавици

handsker

копче

knap

очила

briller

гривна

armbånd

верижка

kæde

пръстен

ring

обеца

ørering

каскет

hue

закачалка

bøjle

шапка

hat

вратовръзка

slips

цип

lynlås

каска

hjelm

тиранти

seler

ученическа униформа

skoleuniform

униформа

uniform

лигавник
hagesmæk

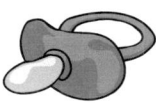

биберон
sut

пелена
ble

офис
kontor

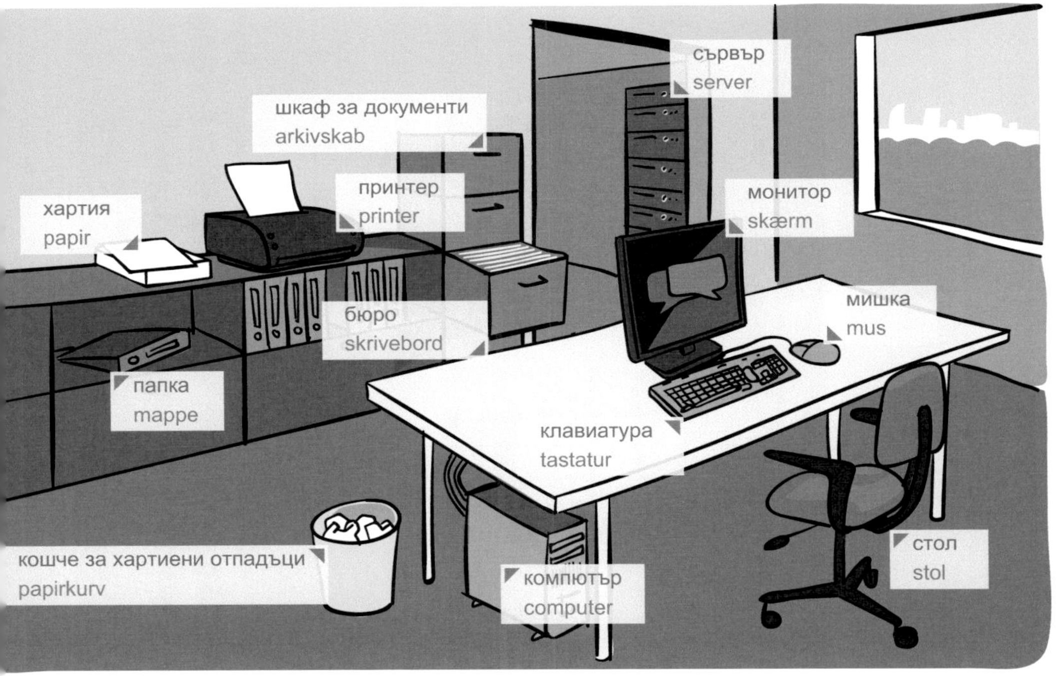

сървър
server

шкаф за документи
arkivskab

принтер
printer

монитор
skærm

хартия
papir

мишка
mus

бюро
skrivebord

папка
mappe

клавиатура
tastatur

кошче за хартиени отпадъци
papirkurv

стол
stol

компютър
computer

чаша за кафе
kaffekrus

джобен калкулатор
lommeregner

интернет
internet

лаптоп

bærbar

писмо

brev

съобщение

besked

мобилен телефон

mobil

мрежа

netværk

ксерокс

kopimaskine

софтуер

software

телефон

telefon

контакт

stikdåse

факс

fax

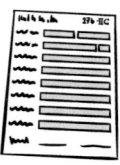

формуляр

formular

документ

dokument

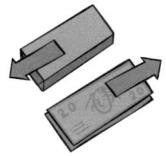

купувам

købe

плащам

betale

търгувам

handle

пари

penge

долар

dollar

евро

euro

йена

yen

рубла

rubel

швейцарски франк

schweizerfranc

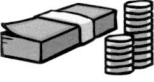

ренминби юан

renminbi yuan

рупия

rupee

банкомат

hæveautomat

обменно бюро

vekselkontor

злато

guld

сребро

sølv

нефт

olie

енергия

energi

цена

pris

договор

kontrakt

данък

skat

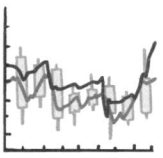

акция

aktie

работя

arbejde

служител

ansat

работодател

arbejdsgiver

фабрика

fabrik

магазин за цветя

butik

професии

erhverv

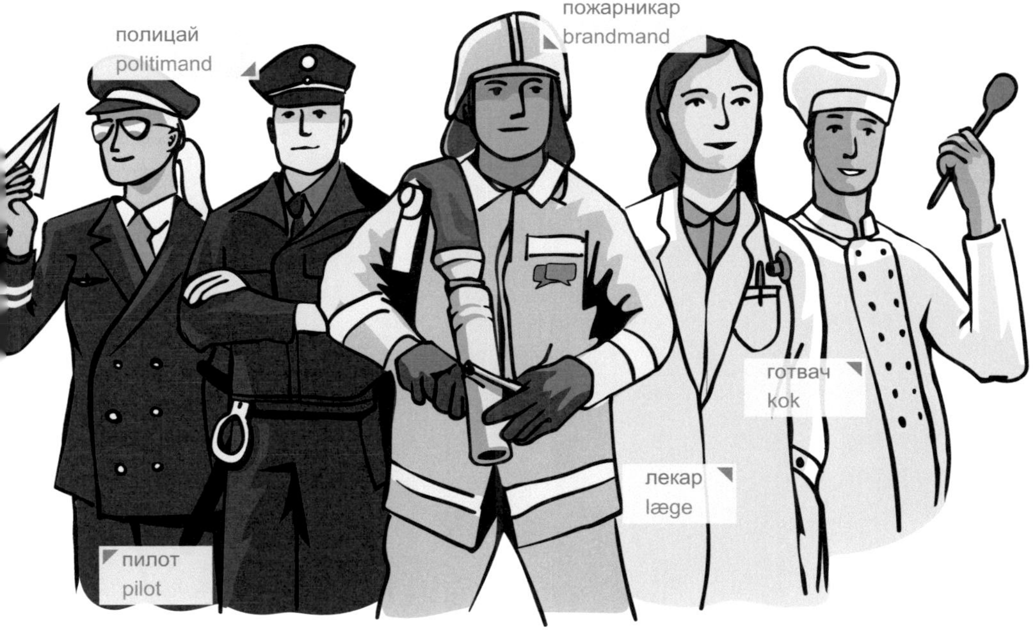

полицай
politimand
пожарникар
brandmand
готвач
kok
лекар
læge
пилот
pilot

градинар

gartner

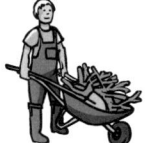

мебелист

tømrer

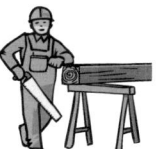

шивачка

syerske

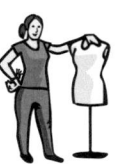

съдия

dommer

химик

kemiker

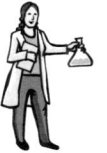

артист

skuespiller

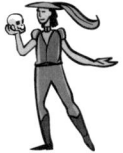

шофьор на автобус

buschauffør

шофьор на такси

taxachauffør

рибар

fisker

чистачка

rengøringskone

майстор на покриви

tagdækker

келнер

tjener

ловец

jæger

художник

maler

хлебар

bager

електротехник

elektriker

строителен работник

bygningsarbejder

инженер

ingeniør

касапин

slagter

тенекеджия

vvs-mand

пощальон

postbud

войник

soldat

архитект

arkitekt

касиер

kasserer

цветар

blomsterhandler

фризьор

frisør

кондуктор

togfører

механик

mekaniker

капитан

kaptajn

зъболекар

tandlæge

научен работник

videnskabsmand

равин

rabbiner

имàм

imam

монах

munk

свещеник

præst

инструменти
værktøj

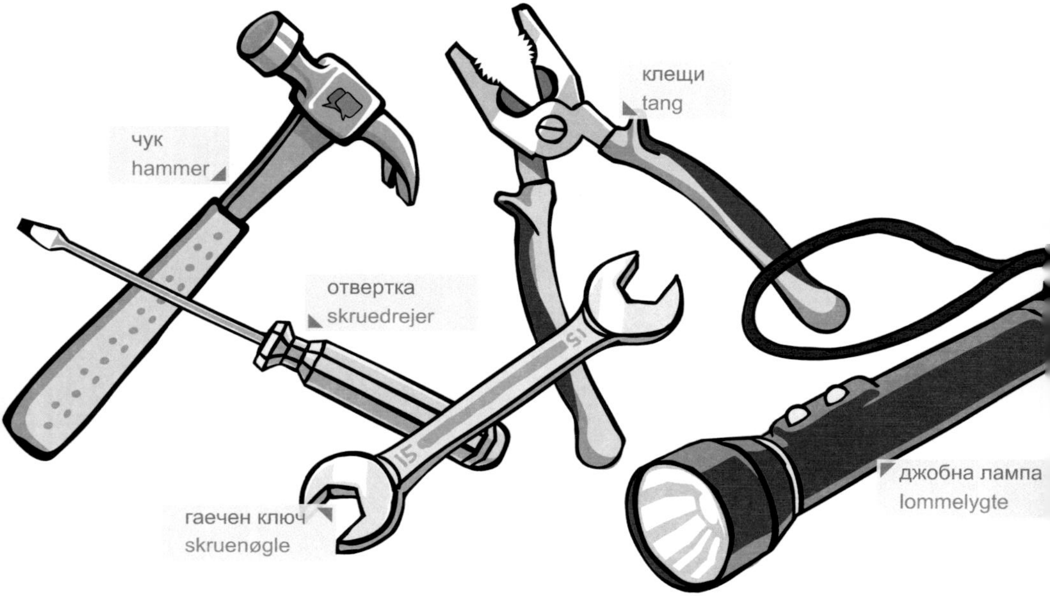
чук
hammer
клещи
tang
отвертка
skruedrejer
гаечен ключ
skruenøgle
джобна лампа
lommelygte

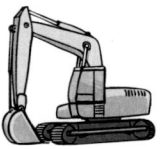

багер

gravemaskine

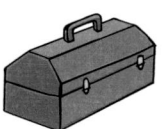

кутия за инструменти

værktøjskasse

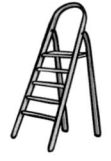

стълба

stige

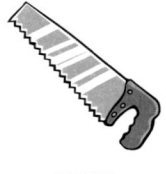

трион

sav

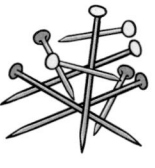

пирони

søm

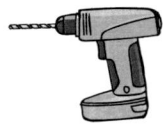

бормашина

bor

ремонтирам

reparere

лопата

skovl

По дяволите!

Lort!

лопатка за смет

fejebakke

кутия за боя

malerspand

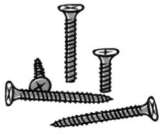

болтове

skruer

музикални инструменти
musikinstrumenter

ударни инструменти
trommer

високоговорител
højttaler

контрабас
kontrabas

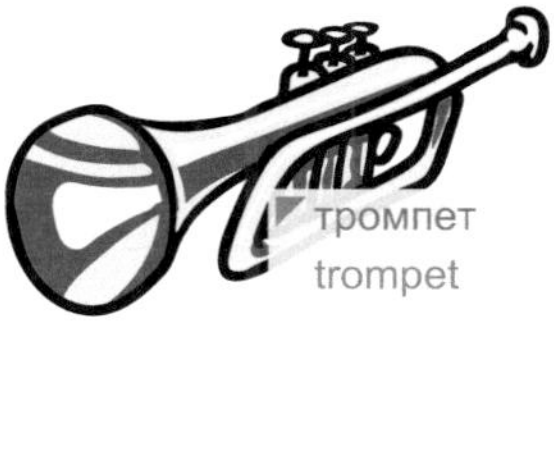

тромпет
trompet

китара
guitar

пиано

klaver

виолина

violin

контрабас

bas

тимпан

pauke

барабан

tromme

електрическо пиано

keyboard

саксофон

saxofon

флейта

fløjte

микрофон

mikrofon

зоологическа градина

zoo

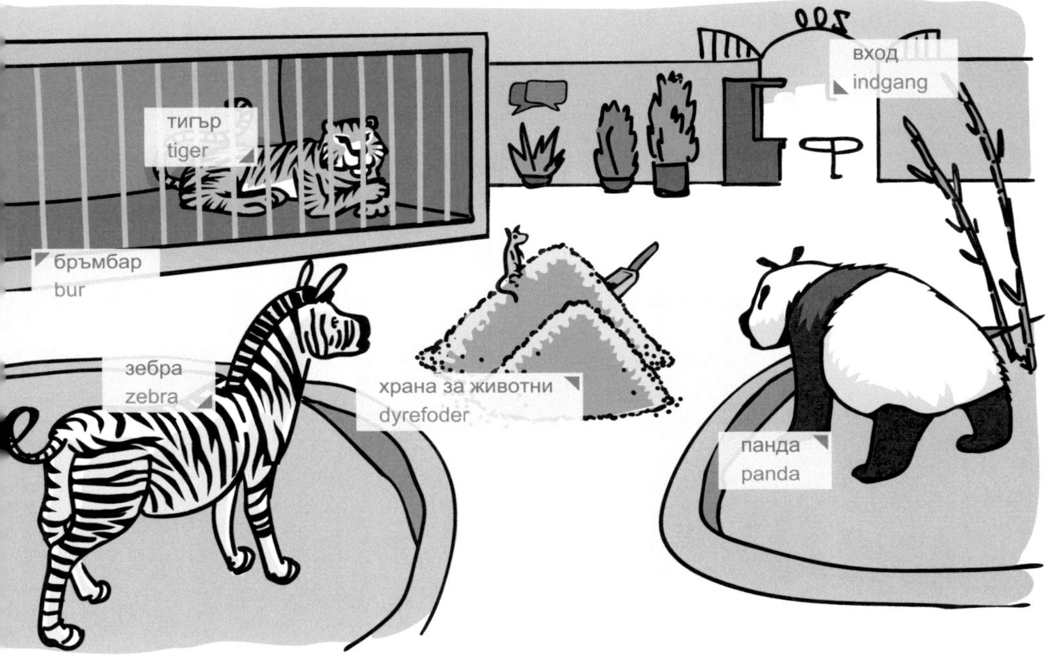

тигър
tiger

вход
indgang

бръмбар
bur

зебра
zebra

храна за животни
dyrefoder

панда
panda

животни

dyr

слон

elefant

кенгуру

kænguru

носорог

næsehorn

горила

gorilla

мечка

bjørn

камила

kamel

щраус

struds

лъв

løve

маймуна

abe

фламинго

flamingo

папагал

papegøje

бяла мечка

isbjørn

пингвин

pingvin

акула

haj

паун

påfugl

змия

slange

крокодил

krokodille

пазач в зоологическа
градина

dyrepasser

тюлен

sæl

ягуар

jaguar

пони

pony

леопард

leopard

хипопотам

flodhest

жираф

giraf

орел

ørn

диво прасе

vildsvin

риба

fisk

костенурка

skildpadde

морж

hvalros

лисица

ræv

газела

gazelle

американски футбол
amerikansk football

колоездене
cykling

тенис
tennis

баскетбол
basketball

плуване
svømning

бокс
boksning

хокей на лед
ishockey

футбол
fodbold

бадминтон
badminton

лека атлетика
atletik

хандбал
håndbold

ски бягане
skiløb

поло
polo

скачам
springe

прегръщам
give et knus

смея се
grine

вървя
gå

пея
synge

моля се
bede

целувам
kysse

сънувам
drømme

пиша
skrive

рисувам
tegne

показвам
vise

бутам
skubbe

давам
give

взимам
tage

имам

have

правя

gøre

съм

være

стоя

stå

тичам

løbe

дърпам

trække

хвърлям

kaste

падам

falde

лежа

ligge

чакам

vente

нося

bære

седя

sidde

обличам

tage på

спя

sove

събуждам се

vågne

разглеждам

se på

плача

græde

милвам

ae

реша се

kæmme

говоря

tale

разбирам

forstå

питам

spørge

слушам

høre

пия

drikke

ям

spise

разтребвам

rydde op

обичам

elske

готвя

koge

карам автомобил

køre

летя

flyve

плавам (с платна)

sejle

смятане

regne

чета

læse

уча

lære

работя

arbejde

женя се

gifte sig med

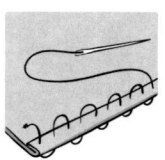

шия

sy

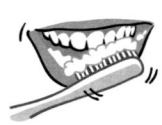

измивам си зъбите

børste tænder

убивам

dræbe

пуша

ryge

изпращам

sende

семейство
familie

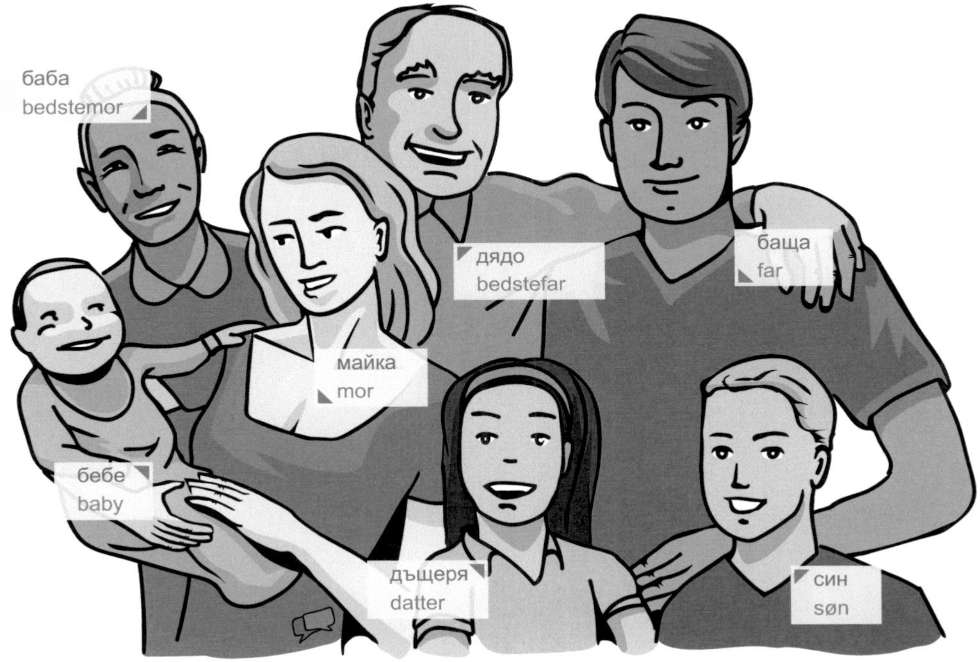
баба
bedstemor
дядо
bedstefar
баща
far
майка
mor
бебе
baby
дъщеря
datter
син
søn

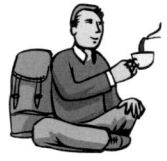

посетител

gæst

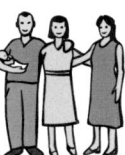

леля

tante

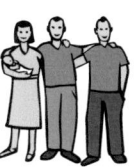

чичо

onkel

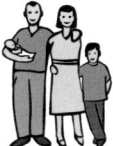

брат

bror

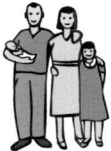

сестра

søster

тяло

krop

чело
pande
око
øje
рамо
skulder
пръст
finger
лице
ansigt
брадичка
hage
ръка
hånd
крак
ben
гърди
bryst
ръка
arm

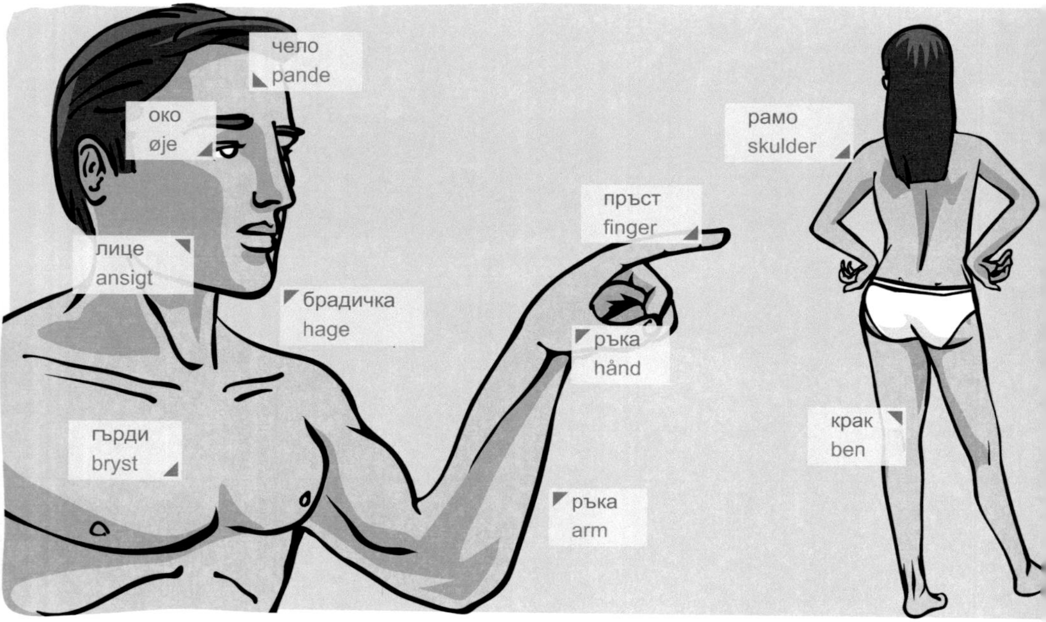

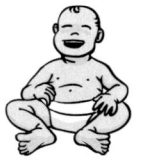

бебе

baby

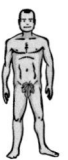

мъж

mand

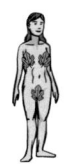

жена

kvinde

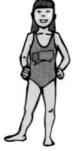

момиче

pige

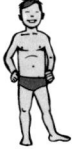

момче

dreng

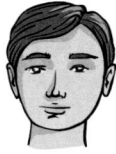

глава

hoved

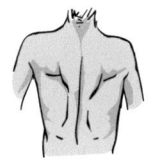

гръб

ryg

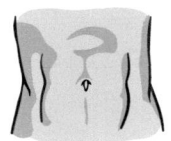

корем

mave

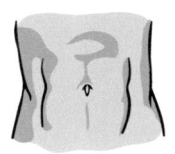

пъп

navle

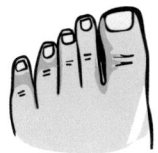

пръст на крака

tå

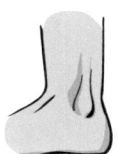

пета

hæl

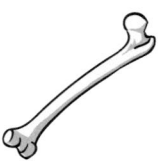

кост

knogle

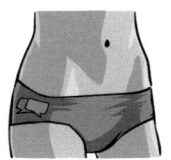

хълбок

hofte

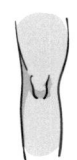

коляно

knæ

лакът

albue

нос

næse

седалище

bagdel

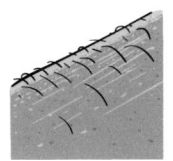

кожа

hud

буза

kind

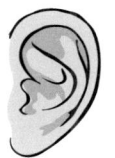

ухо

øre

устна

læbe

тяло - krop

уста

mund

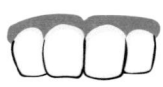

зъб

tand

език

tunge

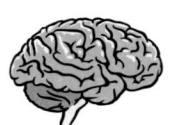

мозък

hjerne

сърце

hjerte

мускул

muskel

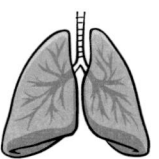

бял дроб

lunge

черен дроб

lever

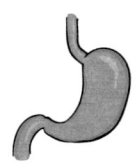

стомах

mavesæk

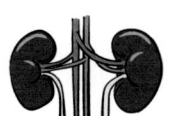

бъбреци

nyrer

полово сношение

sex

кондом

kondom

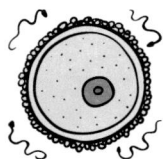

яйцеклетка

ægcelle

сперма

sperm

бременност

svangerskab

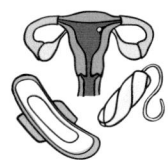

менструация

menstruation

вагина

vagina

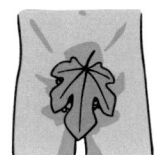

пенис

penis

вежда

øjenbryn

коса

hår

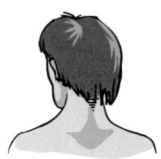

шия

hals

болница
sygehus

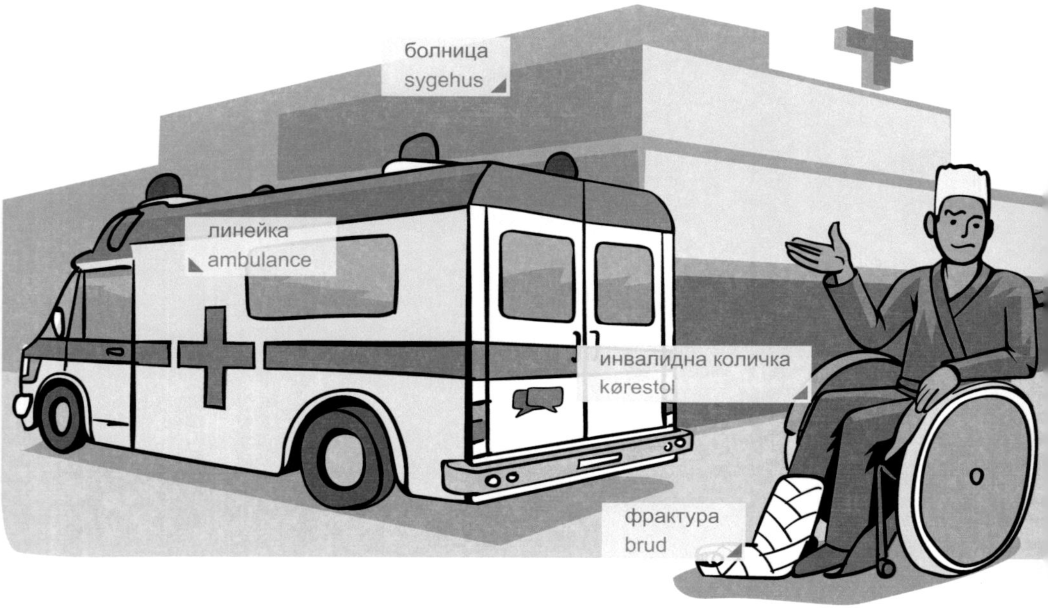

болница
sygehus
линейка
ambulance
инвалидна количка
kørestol
фрактура
brud

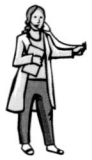

лекар

læge

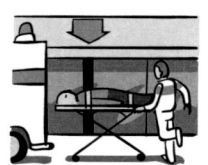

спешна хоспитализация

akutmodtagelse

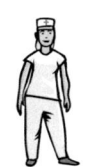

медицинска сестра

sygeplejerske

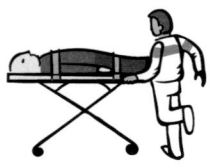

спешен случай

nødstilfælde

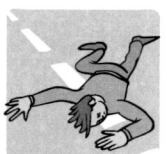

в безсъзнание

bevidstløs

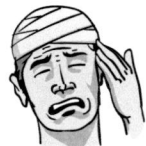

болка

smerte

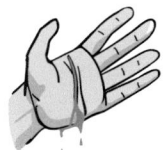

нараняване

skade

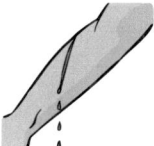

кървене

blødning

инфаркт

hjerteinfarkt

инсулт

slagtilfælde

алергия

allergi

кашлица

hoste

температура

feber

грип

influenza

диария

diarré

главоболие

hovedpine

рак

kræft

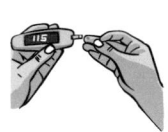

диабет

diabetes

хирург

kirurg

скалпел

skalpel

операция

operation

компютърна томография

CT

рентген

røntgen

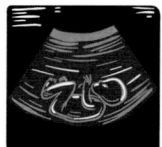

ултразвук

ultralyd

маска

maske

болест

sygdom

чакалня

venteværelse

патерица

krykke

пластир

plaster

превръзка

forbinding

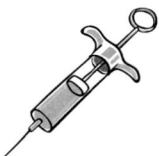

инжекция

injektion

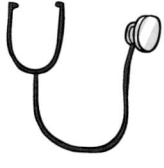

стетоскоп

stetoskop

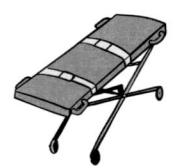

носилка

bàre

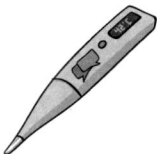

термометър

termometer

раждане

fødsel

наднормено тегло

overvægt

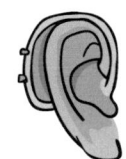

слухов апарат

høreapparat

дезинфекционно средство

desinficerende middel

инфекция

infektion

вирус

virus

HIV / AIDS

HIV / AIDS

медицина

medicin

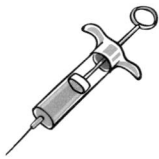

ваксинация

vaccination

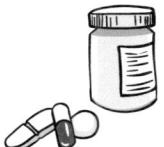

таблети

tabletter

противозачатъчна
таблетка
pille

спешно телефонно
обаждане
nødopkald

апарат за измерване на
кръвното налягане

blodtryksmåler

болен / здрав

syg / rask

Помощ!

Hjælp!

сигнал за тревога

alarm

нападение

overfald

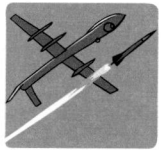

атака

angreb

опасност

fare

авариен изход

nødudgang

Пожар!

Det brænder!

пожарогасител

ildslukker

злополука

uheld

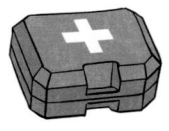

комплект за оказване на
първа помощ

førstehjælps-kuffert

SOS

SOS

полиция

politi

Европа

Europa

Северна Америка

Nordamerika

Южна Америка

Sydamerika

Африка

Afrika

Азия

Asien

Австралия

Australien

Атлантически океан

Atlanterhavet

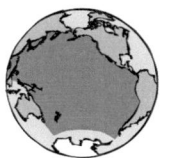

Тихи океан

Stillehavet

Индийски океан

Indiske Ocean

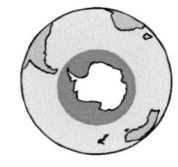

Южен ледовит океан

Sydlige Ishav

Северен ледовит океан

Ishav

Северен полюс

Nordpol

Южен полюс

Sydpol

Антарктида

Antarktis

Земя

Jorden

суша

land

море

hav

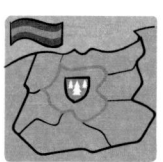

остров

ø

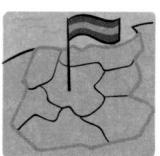

нация

nation

държава

stat

циферблат

urskive

стрелка на часовете

timeviser

стрелка на минутите

minutviser

стрелка на секундите

sekundviser

Колко е часът?

Hvad er klokken?

ден

dag

време

tid

сега

nu

дигитален часовник

digitalur

минута

minut

час

time

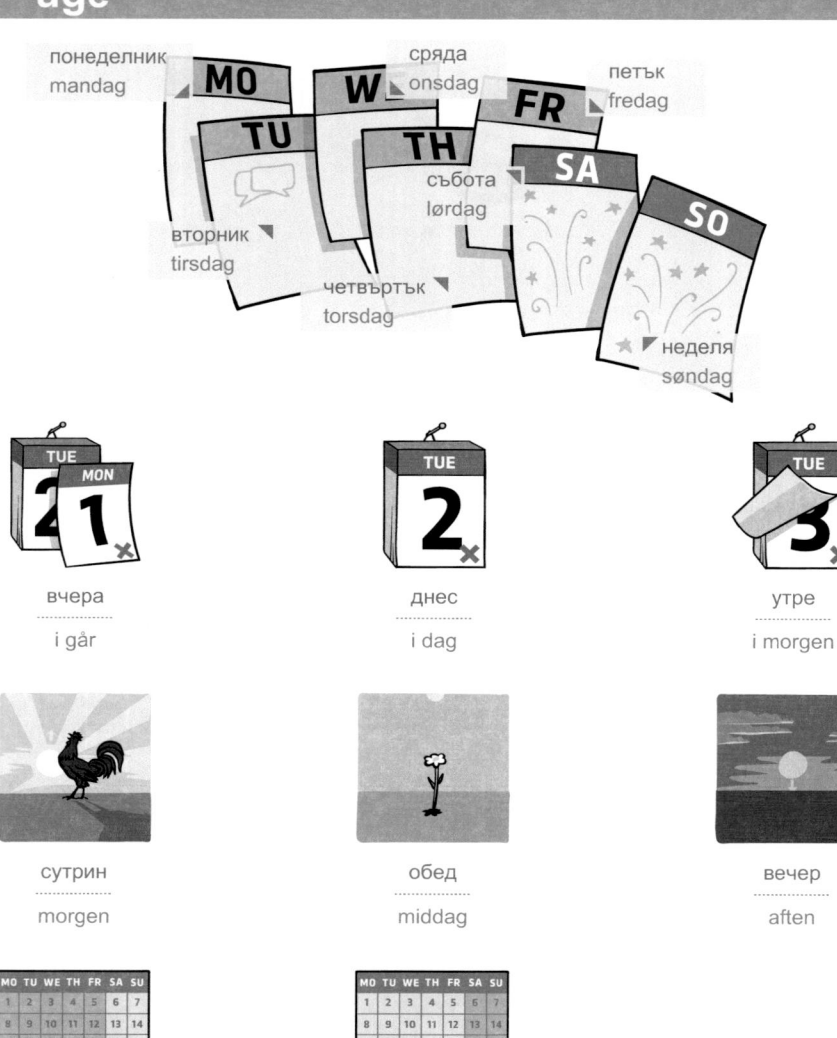

понеделник
mandag

MO

W
сряда
onsdag

FR
петък
fredag

TU

TH

SA

вторник
tirsdag

събота
lørdag

SO

четвъртък
torsdag

неделя
søndag

вчера
i går

днес
i dag

утре
i morgen

сутрин
morgen

обед
middag

вечер
aften

работни дни
arbejdsdage

уикенд
weekend

дъжд
regn

дъга
regnbue

сняг
sne

вятър
vind

пролет
forår

есен
efterår

лято
sommer

зима
vinter

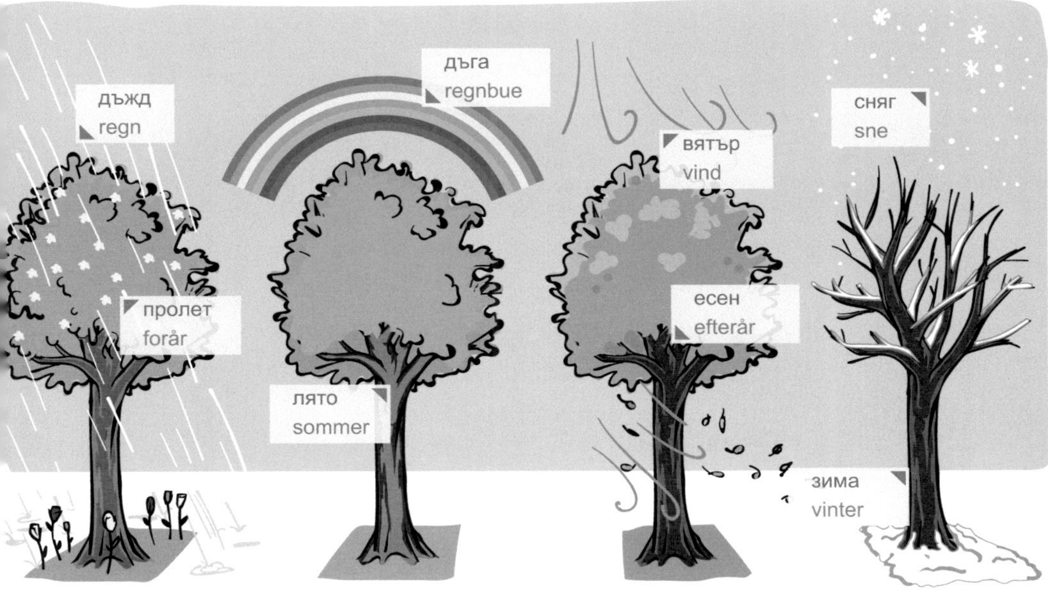

прогноза за времето

vejrudsigt

4.APRIL	11°	☀
5.APRIL	4°	🌧
6.APRIL	13°	⛈
7.APRIL	8°	❄
8.APRIL	10°	☀

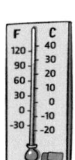

термометър

termometer

слънчева светлина

solskin

облак

sky

мъгла

tåge

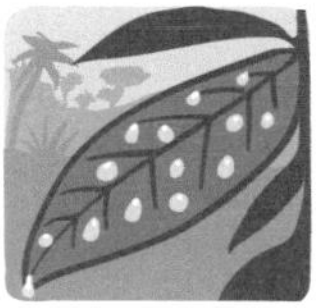

влажност на въздуха

luftfugtighed

светкавица

lyn

гръмотевица

torden

буря

storm

градушка

hagl

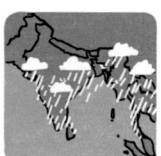

мусон

monsun

наводнение

flod

лед

is

януари

januar

февруари

februar

март

marts

април

april

май

maj

юни

juni

юли

juli

август

august

септември

september

октомври

oktober

ноември

november

декември

december

кръг

cirkel

квадрат

kvadrat

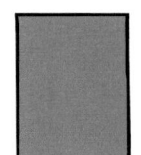

четириъгълник

firkant

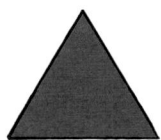

триъгълник

trekant

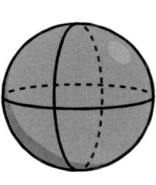

сфера

kugle

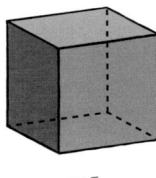

куб

terning

бял

hvid

жълт

gul

оранжев

orange

розов

pink

червен

rød

лилав

lilla

син

blå

зелен

grøn

кафяв

brun

сив

grå

черен

sort

много / малко

meget / lidt

ядосан / спокоен

rasende / fredelig

красив / грозен

smuk / grim

начало / край

begyndelse / slut

голям / малък

stor / lille

светъл / тъмен

lys / mørk

брат / сестра

bror / søster

чист / мръсен

ren / snavset

пълен / непълен

fuldkommen / ufuldkommen

ден / нощ

dag / nat

мъртъв / жив

død / levende

широк / тесен

bred / smal

ядлив / неядлив

spiselig / uspiselig

сърдит / любезен

vred / venlig

развълнуван / скучаещ

ophidset / kedet

дебел / тънък

tyk / tynd

най-напред / най-накрая

først / sidst

приятел / враг

ven / fjende

пълен / празен

fuld / tom

твърд / мек

hård / blød

тежък / лек

tung / let

глад / жажда

sult / tørst

болен / здрав

syg / rask

нелегален / легален

illegal / legal

интелигентен / глупав

intelligent / dum

ляво / дясно

venstre / højre

близо / далече

nær / fjern

нов / употребяван

ny / brugt

нищо / нещо

intet / noget

стар / млад

gammel / ung

вкл. / изкл.

tændt / slukket

отворен / затворен

åben / lukket

тих / силен (звук)

stille / højt

богат / беден

rig / fattig

правилен / погрешен

rigtig / forkert

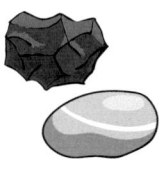

грапав / гладък

ru / glat

тъжен / щастлив

ked af det / lykkelig

дълъг / къс

kort / lang

бавен / бърз

langsom / hurtig

мокър / сух

våd / tør

топъл / студен

varm / kold

война / мир

krig / fred

0	**1**	**2**
нула	едно	две
nul	en	to
3	**4**	**5**
три	четири	пет
tre	fire	fem
6	**7**	**8**
шест	седем	осем
seks	syv	otte
9	**10**	**11**
девет	десет	единадесет
ni	ti	elleve

12

дванадесет

tolv

13

тринадесет

tretten

14

четиринадесет

fjorten

15

петнадесет

femten

16

шестнадесет

seksten

17

седемнадесет

sytten

18

осемнадесет

atten

19

деветнадесет

nitten

20

двадесет

tyve

100

сто

hundrede

1.000

хиляда

tusinde

1.000.000

милион

million

английски

engelsk

американски английски

amerikansk engelsk

китайски мандарин

kinesisk mandarin

хинди

hindi

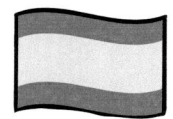

испански

spansk

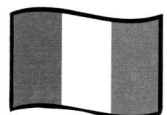

френски

fransk

арабски

arabisk

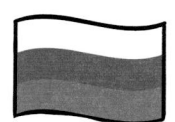

руски

russisk

португалски

portugisisk

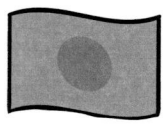

бенгалски

bengalsk

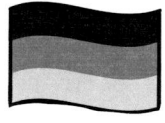

немски

tysk

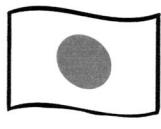

японски

japansk

аз

jeg

ти

du

той / тя / то

han / hun / den / det

ние

vi

вие

I

те

de

кой?

hvem?

какво?

hvad?

как?

hvordan?

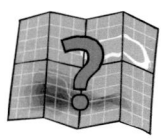

къде?

hvor?

кога?

hvornår?

име

navn

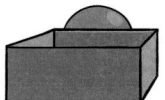

зад

bag

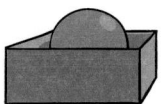

в

i

пред

foran

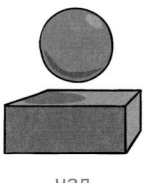

над

over

върху

på

под

under

до

ved siden af

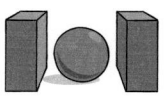

между

imellem

място

sted